極彩色花刺繍図案

MIRIKI
美力

文化出版局

Contents

忠実に再現するもよし、

自分好みの色・サイズ・ステッチ・生地に変更するもよし、

図案を抜粋して組み合わせるもよし、

好きな色の配色を見つけたり、

糸の本数を変えてみたり、

自由な発想で自分なりの刺繍を楽しんでください。

MIRIKI
美力

枠 10cm

アンスリウム
See Page **50-52**

A

B

C

4

A

B

C

枠12cm

くもの花

See Page 53

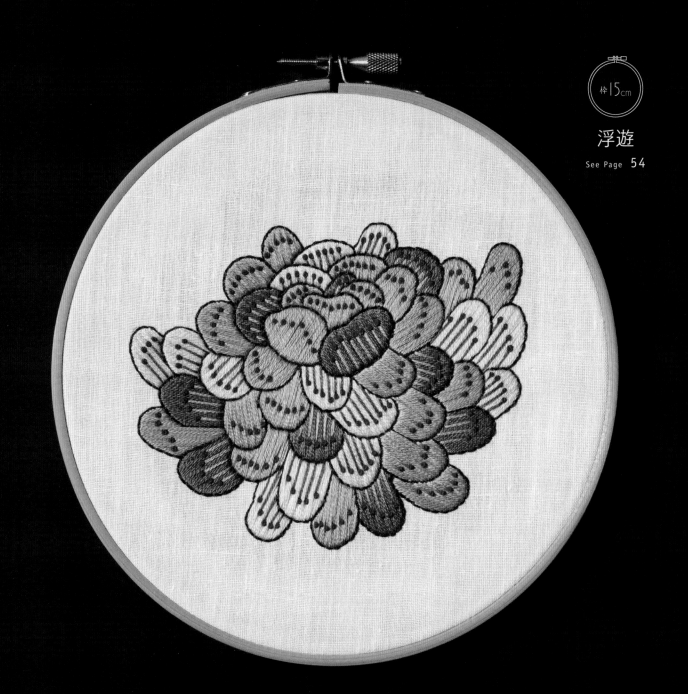

浮遊

See Page 54

枠15cm

熱帯

See Page 56-57

枠8cm

成長

See Page 55

蕾

花

小さな
ブラックホール

See Page 58

11

枠12cm

染まらない

See Page 59

枠8cm

やばくない草

See Page 60

12

タトゥー
See Page 61-62

枠15cm

A

B

枠10cm

小花

See Page 63

枠10cm

松

See Page 64

枠8cm

小手毬

See Page 65

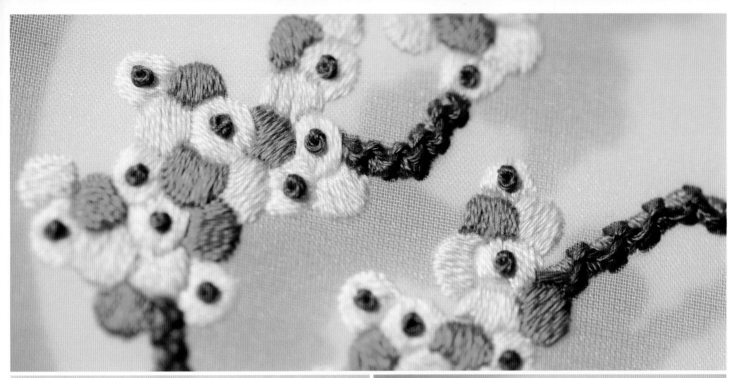

17

シンボル

See Page 66

葉

See Page 68-69

 枠12cm

め

See Page 70

バラ

See Page 71

枠18cm

双子

See Page 72-73

A

24

B

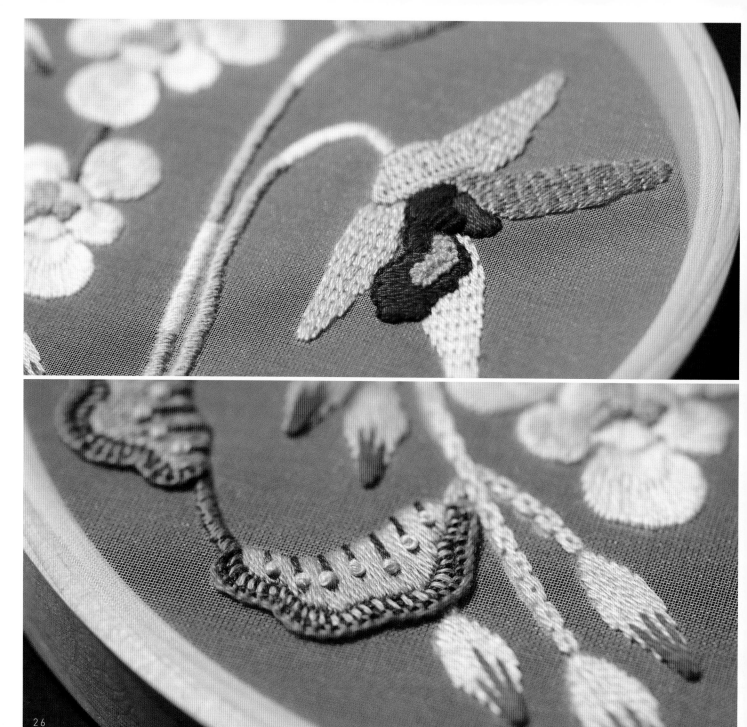

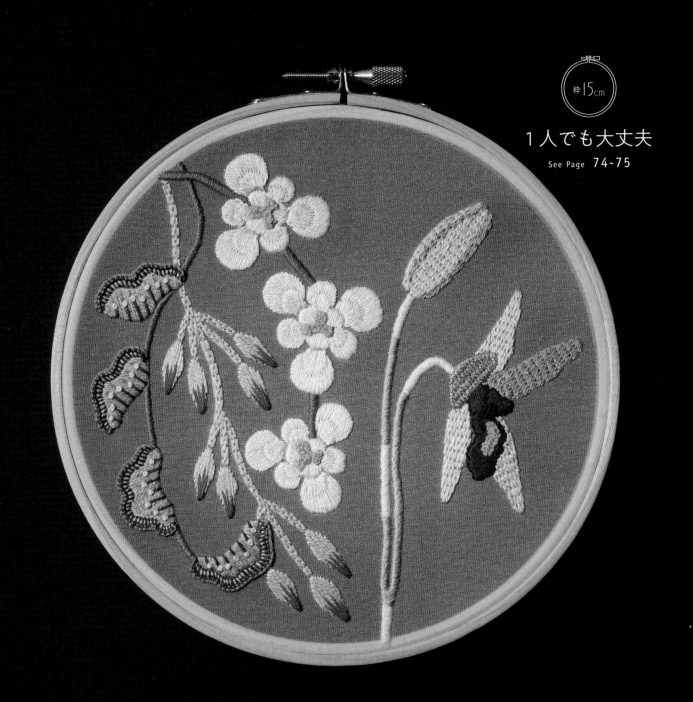

枠15cm

信頼関係
See Page 78-79

 枠12cm

食事
See Page 80-81

 枠12cm

共存
See Page 82-83

三種の神器

See Page 84

枠8cm

蝶

See Page 85

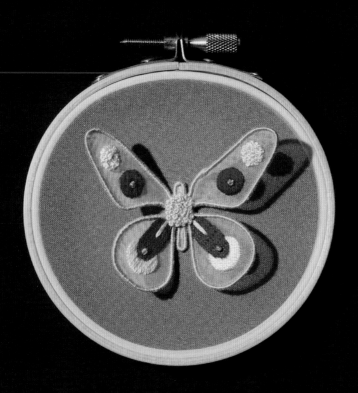

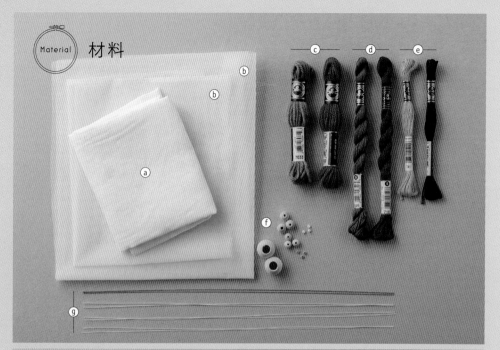

Material 材料

- ⓐ リネン
- ⓑ ナイロンシャー
- ⓒ タペストリーウール
- ⓓ 5番コットンパール
- ⓔ 25番刺繍糸
- ⓕ ウッドビーズ 20、10、8、3mm、パール3mm
- ⓖ ワイヤー（上から NO.24、26、28、30）

＊各作品の刺繍糸の使用目安は各色1束。P.36-37「ラスボス」の背景のみ2束使用
＊ワイヤーの太さは数字が大きくなるほど細くなる
＊ⓐは CHECK&STRIPE、ⓒ〜ⓔは DMC、ⓕは TOHO ビーズ、ⓖは SS MIYUKI studio の商品

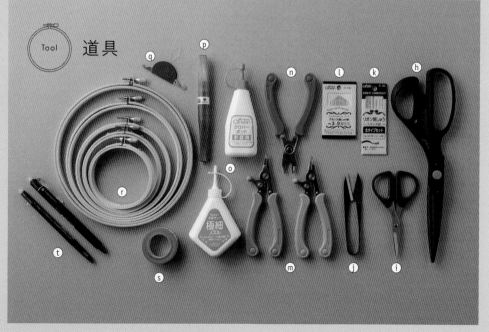

Tool 道具

- ⓗ 布切はさみ
- ⓘ カットワークはさみ
- ⓙ 糸切はさみ
- ⓚ リボン刺しゅうステッチ針（太タイプ）
- ⓛ フランス刺しゅう針 No.3〜9
- ⓜ ペンチ（右はラウンド、左はフラット）
- ⓝ ニッパー
- ⓞ 手芸用ボンド（下　極細ノズル）
- ⓟ ほつれ止め液（ペンタイプ）
- ⓠ 糸通し
- ⓡ 刺繍枠（内側から 8、10、12、15、18cm）
- ⓢ マスキングテープ
- ⓣ ジェルペン（左は細、右は太）

＊ⓗ〜ⓞはクロバー、ⓖは DMC の商品

刺繍のテクニック

図案の写し方

布の場合

＊実物大刺繍図案はコピーもしくはトレーシングペーパー等に写しとります
＊描いた線は、刺繍後にドライヤーの温風を当てると消えます

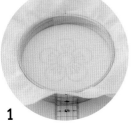

1 刺繍枠に布をはめ、実物大刺繍図案の上に置いてマスキングテープで刺繍枠を固定する

2 ジェルペンで図案線をなぞる

3 図案を描いたら布を刺繍枠から外し、描いた面を表にして刺繍枠にはめ直す

リネンの扱い方

刺し始める前に、粗裁ちした布を一晩水通しして布目を整えて陰干しをします。布が乾ききる前にアイロンで布目を整えましょう

ナイロンシャーの場合

＊実物大刺繍図案はコピーもしくはトレーシングペーパー等に写しとります
＊描いた線は、刺繍後にドライヤーの温風を当てると消えます

1 実物大刺繍図案を用意する

2 刺繍枠にナイロンシャーをはめ、裏に返した実物大刺繍図案の上に置いてマスキングテープで刺繍枠を固定する

3 ジェルペンで図案線をなぞる

4 図案を描いて刺繍枠を表に返したところ

刺繍糸の扱い方

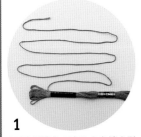

1 25番刺繍糸の束から糸端を引き出し、長さ60〜70cm程度に切る

2 6本に束ねられた中から必要本数を1本ずつ引き抜く

3 引き抜いた分の刺繍糸を引きそろえる

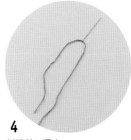

4 刺繍針に通す

糸の替え方

新しい刺繍糸に替えたい時は、布を裏に返して今まで刺してきたステッチに刺し始めと刺し終りの糸端の処理をします。新しい糸に替えて刺し始めの処理をして、刺し途中まで針を移動させてから刺します

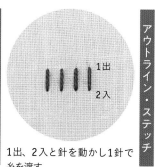

ストレート・ステッチ

1出、2入と針を動かし1針で糸を渡す

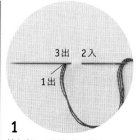

アウトライン・ステッチ

1 針を出し、1目分右に針を入れる（2入）。針目半分戻る（3出）

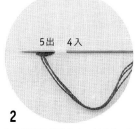

2 1目分右に針を入れ（4入）、2入と同じ穴から針を出す（5出）。これを繰り返す

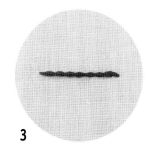

3

2回巻きのフレンチノット・ステッチ

1 針を出し、針先に糸を指定回数（写真は2回）巻く

2 糸を出した真横に針を刺す。巻いた糸を布に寄せるように糸を引いて締める

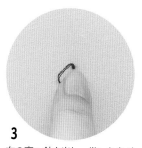

3 布の裏へ針を出し、巻いた糸がゆるまないように指先で押さえて布の裏の糸をゆっくり引く

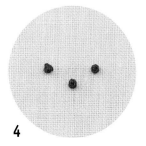

4

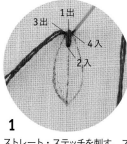

ストレート・ステッチ＋フライ・ステッチ

1 ストレート・ステッチを刺す。ストレート・ステッチの左横から針を出して右側に針を入れる

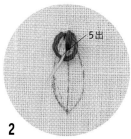

2 ストレート・ステッチの真下から針を出す（5出）

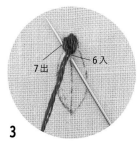

3 左から右へ渡った糸を押さえるように、ストレート・ステッチを刺し（6入）、左上から針を出す（7出）

4

サテン・ステッチ

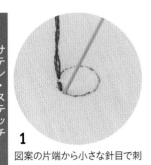

1

図案の片端から小さな針目で刺す

2

糸を平行に渡してすきまがあかないように面を埋める

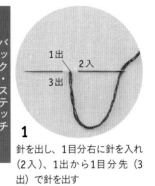

3

バック・ステッチ

1

針を出し、1目分右に針を入れる（2入）、1出から1目分先（3出）で針を出す

＊アウトライン・ステッチ、チェーン・ステッチで面を埋める時も同様にする

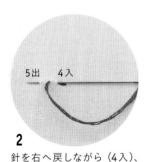

2

針を右へ戻しながら（4入）、左へ刺し進む（5出）。これを繰り返す

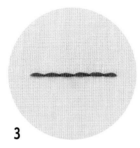

3

バック・ステッチで面を埋める

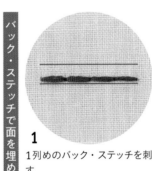

1

1列めのバック・ステッチを刺す

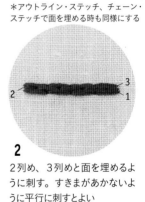

2

2列め、3列めと面を埋めるように刺す。すきまがあかないように平行に刺すとよい

ボタンホール・ステッチ

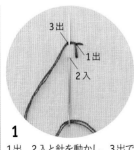

1

1出、2入と針を動かし、3出で針先に糸をかける

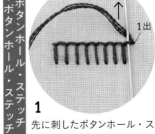

2

針先に糸をかけることを繰り返しながら針目は等間隔に刺す。最後は小さい針目でとめる

ボタンホール・ステッチ＋ボタンホール・ステッチ

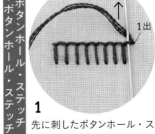

1

先に刺したボタンホール・ステッチの横から別糸を出す（1出）。先のステッチの下に針を通して別糸を針先にかけて針を上に引く。布はすくわない

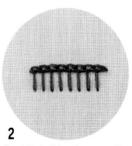

2

先に刺したボタンホール・ステッチの1目ごとに別糸の針を通してボタンホール・ステッチをする

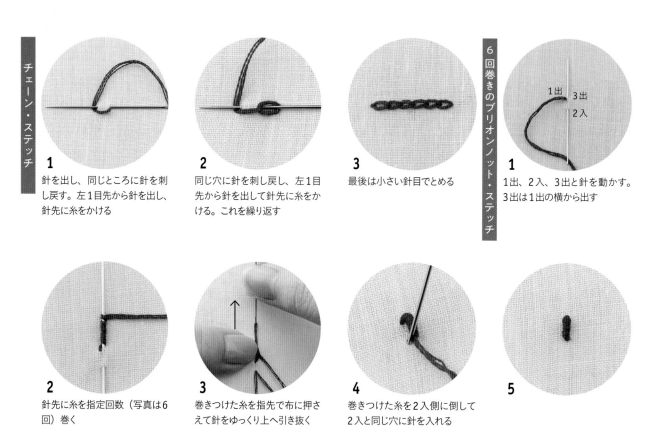

チェーン・ステッチ

1 針を出し、同じところに針を刺し戻す。左1目先から針を出し、針先に糸をかける

2 同じ穴に針を刺し戻し、左1目先から針を出して針先に糸をかける。これを繰り返す

3 最後は小さい針目でとめる

6回巻きのブリオンノット・ステッチ

1 1出、2入、3出と針を動かす。3出は1出の横から出す

1出　3出
2入

2 針先に糸を指定回数（写真は6回）巻く

3 巻きつけた糸を指先で布に押さえて針をゆっくり上へ引き抜く

4 巻きつけた糸を2入側に倒して2入と同じ穴に針を入れる

5

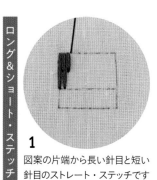

ロング＆ショート・ステッチ

1 図案の片端から長い針目と短い針目のストレート・ステッチですきまがあかないように面を刺す

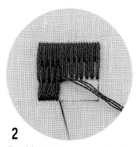

2 先に刺したストレート・ステッチの間を埋めるように、長い針目と短い針目のストレート・ステッチを刺す

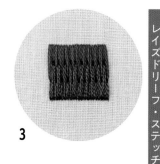

3

レイズドリーフ・ステッチ

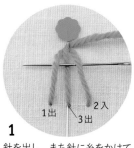

1 針を出し、まち針に糸をかけて針を入れ、真ん中から針を出し（3出）、まち針に糸をかける。右から左に糸を交互にすくう

1出
2入
3出

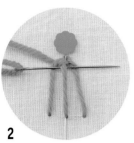

2
左から右へ糸を交互にすくう。これを繰り返し、すきまがあかないようにする

3
布の際まで糸を交互にすくったらまち針の際から布裏へ針を出す。まち針は外す

スレディッドヘリングボーン・ステッチ

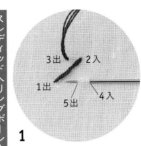

3出　2入
1出
5出　4入

1
1出〜5出に針を動かすことを繰り返す

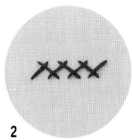

2
ヘリングボーン・ステッチの完成

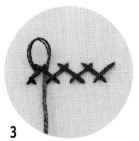

3
ヘリングボーン・ステッチの内側から別糸の針を出し、ヘリングボーン・ステッチにからめる。布はすくわない

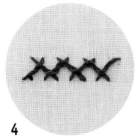

4

スレディッドバック・ステッチ

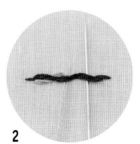

1
バック・ステッチを刺す。バック・ステッチ1目ごとに別糸を左方向に通す。布はすくわない

2
端まで行ったら次の別糸を右方向に通す。布はすくわない

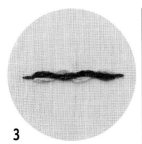

3

バックステッチドチェーン・ステッチ

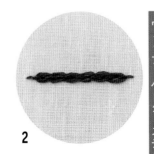

1
チェーン・ステッチを刺す。チェーン・ステッチの1目の内側から別糸を出してバック・ステッチを刺す

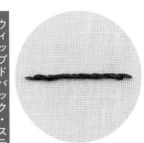

2

ウィップドバック・ステッチ

バック・ステッチを刺す。別糸をバック・ステッチ1目ごとに巻きつける。布はすくわない

Technique

43

巻きかがりステッチを始める前に

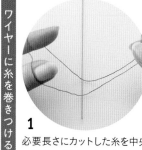

1 必要長さにカットした糸を中央で半分に折る。その上にワイヤーを置く

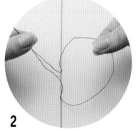

2 半分に折った糸の輪に糸端側を通して交差させる

0.3

3 ワイヤーの端0.3cmのところまで糸を移動させる

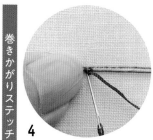

4 ワイヤーを図案線の上に置く。糸に針を通して布裏へ針を出す

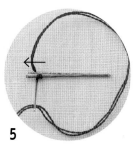

5 ワイヤー左側を、すきまがあかないように糸を上から下へ巻きつけるように針を刺す

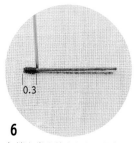

0.3

6 左端を巻き終えたら、最初の0.3cm内側から針を出す

＊巻きかがりながら糸が切れないように気をつける

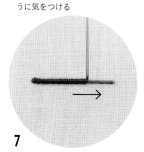

7 ワイヤー右側をすきまがあかないように端まで糸を巻きつける

8

表 **刺し始め**

針

図案線

図案から少し離れた位置で針を刺し、図案まで針を移動させる

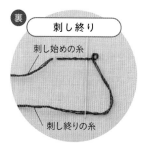

裏 **刺し終り**

刺し始めの糸

刺し終りの糸

刺したステッチの目に数回針を通す。刺し始めの糸端も同様にする

裏 **面刺しの刺し終り**

布はすくわず、針先からステッチのみに数回針を通す

ナイロンシャーの場合

針に糸を通して片端に玉結びを作って刺し始めます。刺し終りはステッチの裏に数回通します。P.24「双子A」のみ玉止めを作って処理をします

44

Technique

作品の
テクニック

ワイヤーのカットのしかた

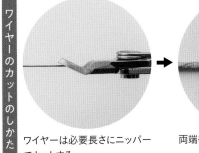

ワイヤーは必要長さにニッパーでカットする

ワイヤーを縫いとめる前に

両端を斜めにカットすること

ワイヤーの縫いとめ方1

1

最初に中央の枝のワイヤーを巻きかがりステッチで縫いとめる

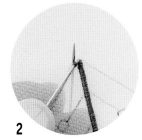

2

枝のつぎ目に間があかないように次のワイヤーを置く

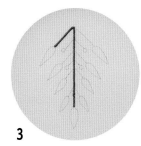

3

巻きかがりステッチで縫いとめる。残りの枝も同様にする

ワイヤーの縫いとめ方2

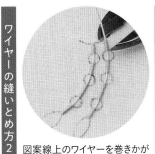

図案線上のワイヤーを巻きかがりステッチで縫いとめる。円の部分はワイヤーを置くのみ

ワイヤーの縫いとめ方3

1

ワイヤーを蝶の輪郭に沿わせながらペンチや指先で曲げて巻きかがりステッチで縫いとめる

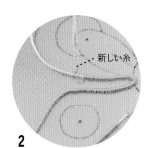

新しい糸

2

糸が短くなってきたら新しい糸をワイヤーに巻きつける

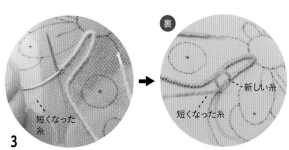

短くなった糸

裏　新しい糸　短くなった糸

3

ワイヤーを巻きかがる際に短くなった糸も一緒に5、6回巻きかがる。裏では、短くなった糸は指先で押さえるとよい

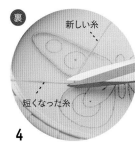

裏　新しい糸　短くなった糸

4

短くなった糸を数回巻きかがったら、余分をはさみで切る

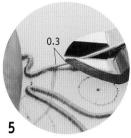

5
ワイヤーを巻きかがったら、0.3cm分残して余分をニッパーでカットする

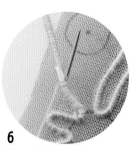

6
0.3cm分重なったワイヤーも一緒に巻きかがる

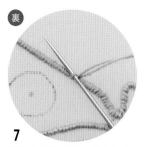

裏

7
刺繍枠を裏に返し、巻きかがりステッチの目に針を数回通す

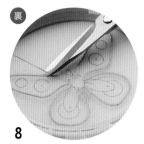

裏

8
余分な糸ははさみで切る

＊切り落しの際に、誤って糸を切ってしまったらその箇所にも手芸用ボンドを塗るとよい

9
指定の刺繍をしたら刺繍枠からナイロンシャーを外し、ワイヤーの輪郭に沿って余分をはさみで切る

10
蝶を裏に返し、巻き終り部分に手芸用ボンドを塗って糸がほどけないようにする

11
蝶の完成

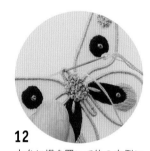

12
土台に蝶を置いて体の内側に指定のステッチを刺しながら縫いとめる

13

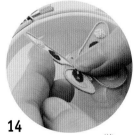

14
体を指先で押さえ、軽く翅（はね）を押し上げて蝶を立体にする

15

立体の小花の縫いとめ方

裏

1
刺繍枠を裏に返し、巻き終り部分に手芸用ボンドを塗って、糸がほどけないようにする

＊切り落しの際に、誤って糸を切ってしま
ったらその箇所にも手芸用ボンドを塗
るとよい

＊縫いとめ糸は、実際は小花とパールに近い色を選びましょう

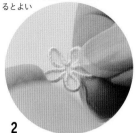

2

刺繍枠からナイロンシャーを外
し、ワイヤーの輪郭に沿って余
分をはさみで切ったら指先で花
びらを優しく曲げて立体にする

3

針に糸を通して片端に玉結びを
作る。指定の位置の布裏から
針を表に出して小花、パールの
順に通す

4

パールの根もとから布裏へ針を
出す

5

針をもう一度表に出し、小花、
パールに通す

6

パールの根もとから布裏へ針を
出し、玉止めをして余分な糸は
はさみで切る

ウッドビーズの糸巻き方法

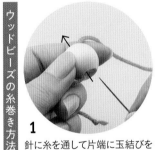

1

針に糸を通して片端に玉結びを
作る。玉結び側の糸端を指に
挟み、ウッドビーズの下穴から
上へ針を通す

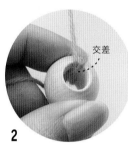

交差

2

穴の中で糸を一度交差させる

3

下から上へ針を穴に通すことを
繰り返す

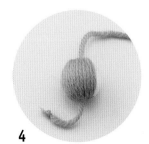

4

すきまがあかないように糸を巻く

巻き終り側

5

巻き終りとは反対の位置に針を
刺す

6

針を下穴から出す

7

ウッドビーズの際で玉結びを
した糸をはさみで切る

8

土台の指定の位置に針を刺してウッドビーズを縫いとめる

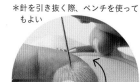

＊針を引き抜く際、ペンチを使ってもよい

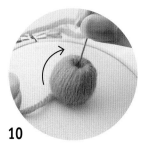

9

ウッドビーズの根もとから針を出し、ビーズ手前から上穴を通って布裏へ針を出す

10

もう一度、ウッドビーズの根もとから針を出し、ビーズ後ろ側から上穴を通って布裏へ針を出す

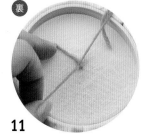

裏

11

刺繍枠を裏に返し、布の際で2回結んで余分な糸をはさみで切る

Technique

プラスのテクニック

刺繍枠から布が外れないようにする方法

布の場合

1

刺繍後の作品の布端にほつれ止め液を塗る

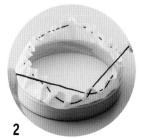

2

1周ぐし縫いをする。糸を交差させて引き、布端が刺繍枠の内側に納まるように絞る

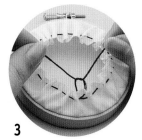

3

2回結び、余分な糸をはさみで切る

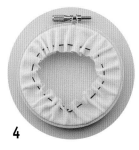

4

ナイロンシャーの場合

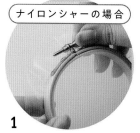

1

刺繍後、刺繍枠の金具をきつく締める

2

ナイロンシャーをしっかり張らせる

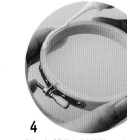

3

刺繍枠の際で余分なナイロンシャーをはさみで切る

4

切った部分と刺繍枠に手芸用ボンドを塗ってしっかり乾燥させる

5

作品刺繍図案

アンスリウム A

枠10cm

材料

▷ 25番刺繍糸…DMC
　13、20、3770、3779、356、760、3608、21、3836
▷ 生地
　ナイロンシャー（ホワイト）

実物大刺繍図案

① サテンS 〈13〉
② サテンS 〈20〉 … ●
③ サテンS 〈3779〉 … ●
④ サテンS 〈356〉 … ●
⑤ サテンS 〈760〉
⑥ サテンS 〈3608〉
⑦ サテンS 〈21〉 … ●
⑧ サテンS 〈3836〉
⑨ バックS 〈3770〉

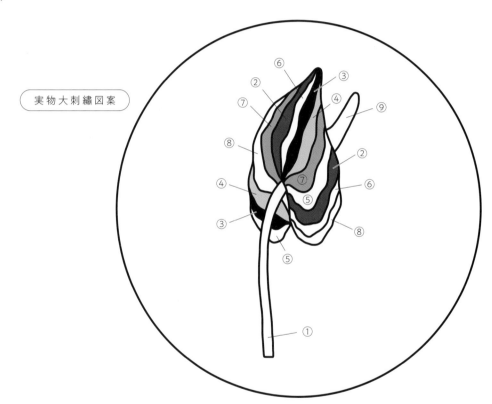

アンスリウム B

枠10cm

材料

▷ 25番刺繍糸…DMC
　ECRU、772、704、699、437、701、718
▷ 生地…CHECK&STRIPE
　リネンプリマベーラ（オフホワイト）

①サテンS 〈ECRU〉
②サテンS 〈437〉
③サテンS 〈772〉
④サテンS 〈704〉… ●
⑤サテンS 〈701〉… ●
⑥サテンS 〈699〉
⑦バックS 〈718〉
指定外は①

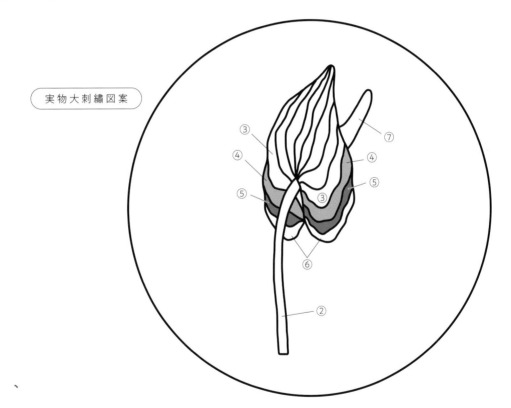

実物大刺繍図案

アンスリウム C

枠 10cm

材料

▷ 25番刺繍糸…DMC
321、817、701、746、728
▷ 生地…CHECK&STRIPE
リネンプリマベーラ（オフホワイト）

実物大刺繍図案

①サテンS　〈321〉… ●
②サテンS　〈817〉
③サテンS　〈701〉
④バックS　〈746〉
⑤バックS　〈728〉

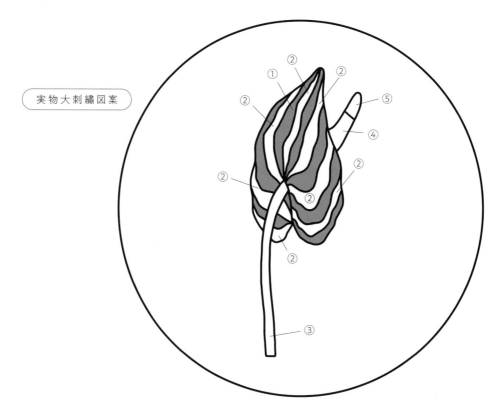

くもの花

枠12cm

材 料

▷ 25番刺繍糸…DMC
　B5200、796、3845、995、312、3746、3807、
　797、3844
▷ 生地
　ナイロンシャー（ホワイト）

実物大刺繍図案

①アウトラインS　〈B5200〉
②サテンS　〈796〉… ●
③サテンS　〈3845〉
④サテンS　〈995〉… ●
⑤サテンS　〈312〉
⑥サテンS　〈3746〉
⑦サテンS　〈3807〉… ●
⑧サテンS　〈797〉
⑨サテンS　〈3844〉

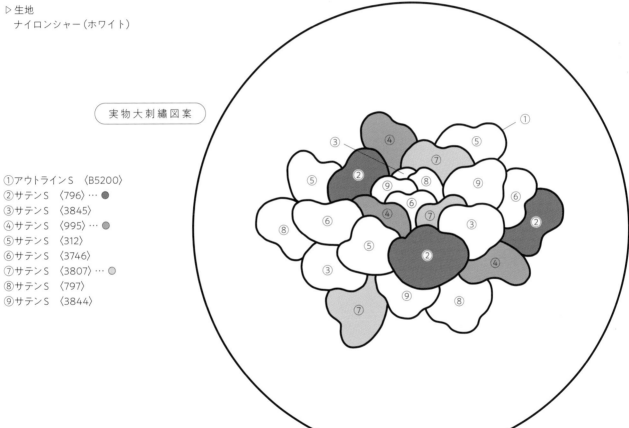

枠15cm

・実物大刺繡図案は原寸使用
・実物大刺繡図案の円は刺繡枠の大きさです。図案の写しとりの際に円を写しとる必要はありません
・〈　〉内の数字は糸の色番号
・引きそろえる糸の本数は2本どり
・Sはステッチの略

材料

▷ 25番刺繡糸…DMC
　500、356、3770、437、208、913、666
▷ 生地…CHECK&STRIPE
　リネンプリマベーラ（オフホワイト）

実物大刺繡図案

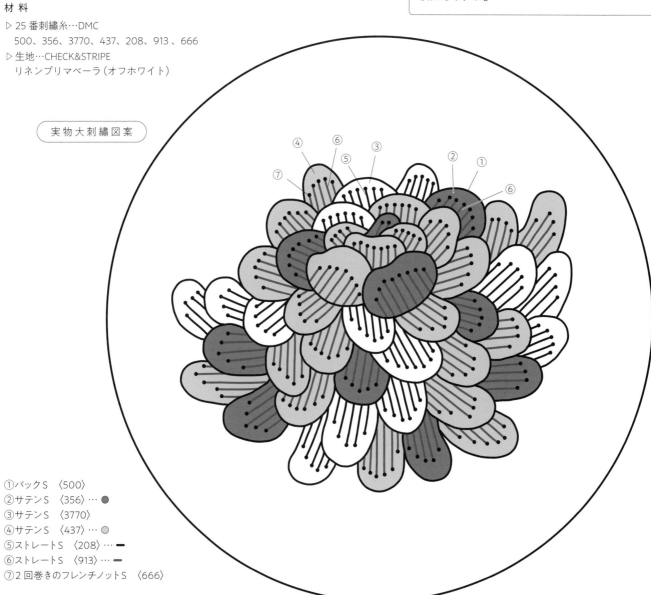

①バックS　〈500〉
②サテンS　〈356〉…●
③サテンS　〈3770〉
④サテンS　〈437〉…●
⑤ストレートS　〈208〉…▬
⑥ストレートS　〈913〉…▬
⑦2回巻きのフレンチノットS　〈666〉

枠8cm

・実物大刺繡図案は原寸使用
・実物大刺繡図案の円は刺繡枠の大きさです。図案の写しとりの際に円を写しとる必要はありません
・〈　〉内の数字は糸の色番号
・引きそろえる糸の本数は1本どり
・Sはステッチの略

材料

▷ タペストリーウール…DMC
　7344、7037、7740
▷ 生地…CHECK&STRIPE
　リネンプリマベーラ（オフホワイト）
▷ ビーズ…TOHO
　ウッドビーズ（R20-6 キジ）　1個…蕾

蕾の実物大刺繡図案

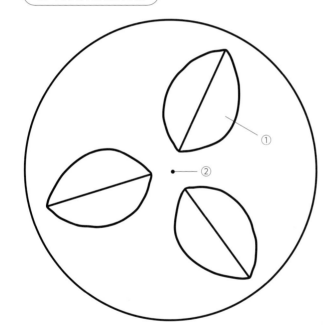

花の実物大刺繡図案

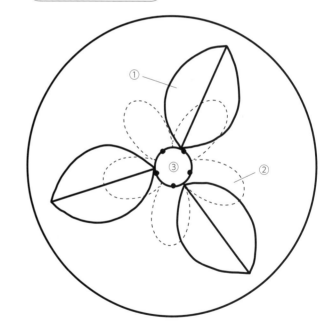

①ストレートS＋フライS　〈7344〉
②ウッドビーズ巻きつけ用　〈7037〉

＊②のウッドビーズの糸巻き方法
作り方は P.47 参照。図中（•）は蕾つけ位置

①ストレートS＋フライS　〈7344〉
②レイズドリーフS　〈7037〉
③2 回巻きのフレンチノットS　〈7740〉

＊図中（•）はレイズドリーフSのまち針を刺す位置

熱帯

枠15cm

・実物大刺繍図案は原寸使用
・実物大刺繍図案の円は刺繍枠の大きさです。図案の写しとりの際に円を写しとる必要はありません
・〈　〉内の数字は糸の色番号
・●内の数字は引きそろえる糸の本数。指定外は2本どり
・Sはステッチの略

材 料

▷ 25 番刺繍糸…DMC
　704、728、746、797、666、740、777、913、321、16、702、905、
　3608、3805、606、12、819、718、3607、921、B5200、3838、
　3746、155、907、906、ECRU、718、605、772、3706、3345、733、
　973、701、349、966
▷ タペストリーウール…DMC
　7344
▷ 生地
　ナイロンシャー（ホワイト）

①バックS　〈704〉
②サテンS　〈704〉
③サテンS　〈728〉… ●
④サテンS　〈746〉
⑤サテンS　〈797〉
⑥サテンS　〈666〉
⑦サテンS　〈740〉
⑧バックS　〈777〉
⑨ストレートS　〈913〉
⑩サテンS　〈321〉
⑪アウトラインS　〈16〉
⑫ストレートS　〈16〉
⑬サテンS　〈702〉
⑭バックS　〈905〉
⑮2回巻きのフレンチノットS　〈3608〉
⑯2回巻きのフレンチノットS　〈3805〉
⑰サテンS　〈606〉
⑱ストレートS　❶〈タペストリー7344〉… ●
⑲2回巻きのフレンチノットS❻　〈12〉
⑳ロング＆ショートS　〈819〉… ●
㉑サテンS　〈718〉
㉒ロング＆ショートS　〈3607〉

㉓サテンS　〈777〉… ●
㉔バックS　〈921〉
㉕バックS　〈B5200〉
㉖バックS　〈3838〉
㉗サテンS　〈3746〉
㉘サテンS　〈155〉
㉙サテンS　〈907〉
㉚バックS　〈906〉
㉛サテンS　〈ECRU〉
㉜バックS　〈ECRU〉
㉝サテンS　〈718〉
㉞ストレートS　〈605〉
㉟2回巻きのフレンチノットS　〈772〉
㊱バックS　〈3706〉
㊲バックS　〈3608〉
㊳サテンS　〈3345〉
㊴2回巻きのフレンチノットS❻　〈733〉
㊵サテンS　〈973〉
㊶サテンS　〈701〉
㊷2回巻きのフレンチノットS❸　〈349〉
㊸バックS　〈966〉

小さなブラックホール

枠**8**cm

・実物大刺繍図案は原寸使用
・実物大刺繍図案の円は刺繍枠の大きさです。図案の写しとりの際に円を写しとる必要はありません
〈　〉内の数字は糸の色番号
●内の数字は引きそろえる糸の本数。指定外は2本どり
・Sはステッチの略

材料

▷ 25番刺繍糸…DMC
　155、208、3805、959、3843、666、720、728、
　437、718、777、208、907、702、699、321、677、
　746、831、797、444、740、310
▷ 生地…CHECK&STRIPE
　リネンプリマベーラ（オフホワイト）

実物大刺繍図案

①サテンS　〈155〉
②バックS　〈208〉
③サテンS　〈3805〉
④サテンS　〈959〉
⑤ストレートS　〈3843〉
⑥バックS　〈666〉
⑦サテンS　〈720〉
⑧サテンS　〈728〉
⑨ストレートS❹　〈437〉
⑩2回巻きのフレンチノットS❻　〈718〉
⑪アウトラインS　〈777〉
⑫アウトラインS　〈208〉…⊗
⑬アウトラインS　〈907〉…●
⑭アウトラインS　〈702〉…●
⑮アウトラインS　〈699〉…●
⑯サテンS❸　〈321〉
⑰サテンS　〈677〉
⑱サテンS　〈746〉
⑲サテンS　〈437〉
⑳2回巻きのフレンチノットS　〈831〉
㉑2回巻きのフレンチノットS　〈797〉
㉒サテンS　〈444〉
㉓サテンS　〈740〉
㉔背景にサテンS　〈310〉

See Page
12-13
染まらない

枠12cm

・実物大刺繍図案は原寸使用
・実物大刺繍図案の円は刺繍枠の大きさです。図案の写し
　とりの際に円を写しとる必要はありません
・〈 〉内の数字は糸の色番号
・●内の数字は引きそろえる糸の本数。指定外は2本どり
・Sはステッチの略

材料

▷ 25番刺繍糸…DMC
310、797、796、720、733、3607、718、777、909、
677、208、606、754、312、972、959、819、919、
905

▷ 生地…CHECK&STRIPE
リネンプリマベーラ（オフホワイト）

▷ ビーズ…TOHO
ウッドビーズ（R3-6 キジ）　1個

実物大刺繍図案

① バックS❶ 〈310〉
② サテンS 〈310〉
③ 2回巻きのフレンチノットS❻ 〈797〉
④ 2回巻きのフレンチノットS❻ 〈796〉
⑤ サテンS 〈720〉
⑥ チェーンS 〈733〉
⑦ ストレートS 〈919〉
⑧ 2回巻きのフレンチノットS❸ 〈905〉
⑨ サテンS 〈3607〉… ●
⑩ サテンS 〈718〉… ●
⑪ サテンS 〈777〉
⑫ サテンS 〈909〉
⑬ サテンS 〈677〉
⑭ ボタンホールS 〈677〉
⑮ サテンS 〈208〉
⑯ 2回巻きのフレンチノットS❸ 〈606〉
⑰ サテンS 〈754〉
⑱ アウトラインS❸ 〈312〉
⑲ サテンS 〈959〉
⑳ バックS 〈972〉
㉑ 2回巻きのフレンチノットS❹ 〈819〉
㉒ ウッドビーズ縫いつけ用 〈677〉

＊⑮のステッチ
⑭のボタンホールSの間にサテンSを刺す。サテン
Sで埋もれてしまったボタンホールSの目は針頭（穴
側）を使って引き出す。その際にサテンSは引っ張ら
ないように気をつける

＊㉒のウッドビーズの縫いとめ方
針に糸を通して片端に玉結びを作る。布の指定の位置
（・）の裏から針を表に出して糸にウッドビーズを通す。
（・）に刺し戻して2、3回縫いとめる。布の裏で玉止
めをする

やばくない草

枠8cm

材料

▷ 25番刺繍糸…DMC
　720、702、677
▷ 生地
　ナイロンシャー（ホワイト）
▷ ワイヤー…SS MIYUKI studio
　No.28　1本

実物大刺繍図案

① 巻きかがりS❶　〈720〉
② ボタンホールS　〈702〉
③ サテンS　〈677〉

＊①のステッチ
ワイヤーを約1.7cm×7本にニッパーでカットする（ワイヤーのカットのしかた P.45）。ワイヤーを図案の上に置いて巻きかがりSで縫いとめる（ワイヤーの縫いとめ方1 P.45）

＊③のステッチ
②のボタンホールSの間にサテンSを刺す。サテンSで埋もれてしまったボタンホールSの目は、針頭（穴側）を使って引き出す。その際にサテンSは引っ張らないように気をつける

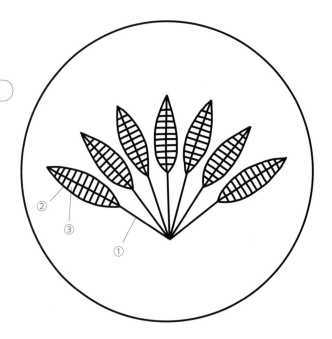

タトゥーA

枠15cm

・実物大刺繍図案は原寸使用
・実物大刺繍図案の円は刺繍枠の大きさです。図案の写し
　とりの際に円を写しとる必要はありません
・指定外はバックS
・引きそろえる糸の本数は1本どり
・Sはステッチの略

材料

▷ 25番刺繍糸…DMC
　310
▷ 生地…CHECK&STRIPE
　リネンプリマベーラ(オフホワイト)

実物大刺繍図案

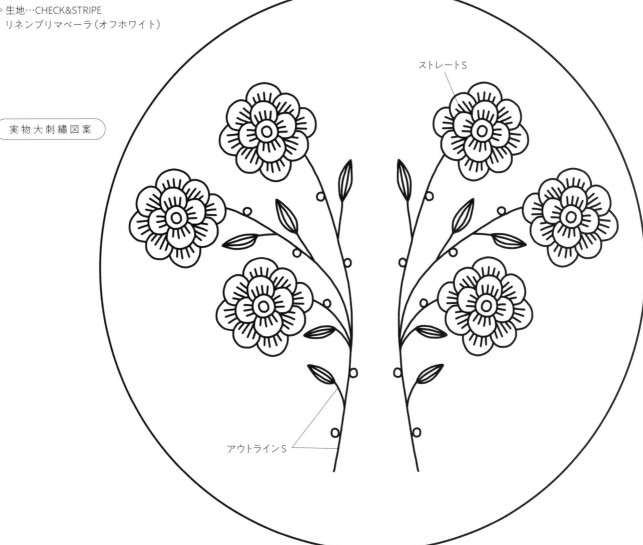

ストレートS

アウトラインS

タトゥーB

枠15cm

材料

▷ 25番刺繍糸…DMC
　321、666、606、817
▷ 生地…CHECK&STRIPE
　リネンプリマベーラ（オフホワイト）

実物大刺繍図案

①バックS　〈321〉
②バックS　〈666〉
③アウトラインS　〈606〉
④ストレートS　〈606〉
⑤ウィップドバックS
　〈606〉…バックS
　〈817〉…巻きつけ用

小花

枠10cm

・実物大刺繍図案は原寸使用
・実物大刺繍図案の円は刺繍枠の大きさです。図案の写しとりの際に円を写しとる必要はありません
・〈 〉内の数字は糸の色番号
・●内の数字は引きそろえる糸の本数。指定外は2本どり
・Sはステッチの略

材 料

▷ 25番刺繍糸…DMC
704、3770、746

▷ 生地
CHECK&STRIPE　リネンプリマベーラ(オフホワイト)…土台
ナイロンシャー(ホワイト)…小花

▷ ワイヤー…SS MIYUKI studio
No.30　3本

▷ ビーズ…TOHO
カルトラパール(No.201)　丸3mm　9個

実物大刺繍図案

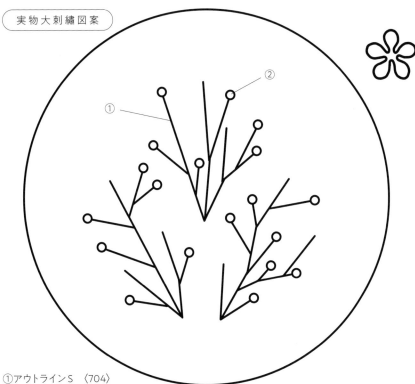

立体の小花のつけ位置図

*図中(・)は小花とパール縫いつけ位置

①アウトラインS　〈704〉
②2回巻きのフレンチノットS❹　〈746〉
③巻きかがりS❶　〈3770〉

*③のステッチ
ワイヤーで立体の小花を作る。ワイヤーを約10cm×9本にニッパーでカットする。ナイロンシャーに写した図案の上にワイヤーを置いて巻きかがりSで縫いとめる(ワイヤーの縫いとめ方3 P.45)。ナイロンシャーから切り取ったら土台の指定の位置に③の糸で縫いとめる(立体の小花の縫いとめ方 P.46)

枠10cm

材 料

▷ 25番刺繡糸…DMC
　906、606、3807、B5200、ECRU、943、921
▷ 生地
　ナイロンシャー（ホワイト）

実物大刺繡図案

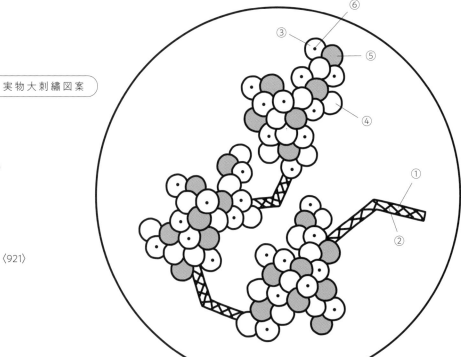

①サテンS　〈906〉
②スレディッドヘリングボーンS❸
　〈606〉…ヘリングボーンS
　〈3807〉…巻きつけ用
③サテンS　〈B5200〉
④サテンS　〈ECRU〉
⑤サテンS　〈943〉… ⬤
⑥2回巻きのフレンチノットS❹　〈921〉

　小手毬

枠8cm

材 料

▷ 25 番刺繍糸…DMC
　907、369、ECRU、927、973
▷ 生地
　ナイロンシャー（ホワイト）

① サテンS　〈907〉
② 2回巻きのフレンチノットS　〈369〉
③ サテンS　〈ECRU〉
④ ストレートS　〈927〉
⑤ 2回巻きのフレンチノットS❸　〈973〉

実物大刺繍図案

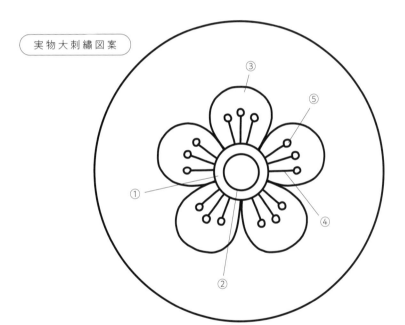

枠10cm

・実物大刺繍図案は原寸使用
・実物大刺繍図案の円は刺繍枠の大きさです。図案の写しとりの際に円を写しとる必要はありません
・〈 〉内の数字は糸の色番号
・●内の数字は引きそろえる糸の本数。指定外は2本どり
・Sはステッチの略

材料

▷ 25番刺繍糸…DMC
321、718、906、927、701、796、943、947、972、995
▷ 生地…CHECK&STRIPE
リネンプリマベーラ(オフホワイト)
▷ ワイヤー…SS MIYUKI studio
No.28　1本

実物大刺繍図案

①ロング&ショートS　〈321〉
②ロング&ショートS　〈718〉
③サテンS　〈906〉
④巻きかがりS❶　〈927〉
⑤サテンS　〈701〉
⑥バックS　〈947〉
⑦バックS　〈972〉
⑧サテンS　〈995〉
⑨サテンS　〈943〉
⑩サテンS　〈796〉

＊④のステッチ
ワイヤーを約5cm×1本(花の上用)、約2.5cmと2.6cm×各2本(花の下用)にニッパーでカットする(ワイヤーのカットのしかた P.45)。ワイヤーを図案の上に置いて巻きかがりSで縫いとめる(ワイヤーの縫いとめ方2 P.45)

フラワーギフト

枠12cm

材料

▷ 25番刺繍糸…DMC
　967、612、740、3345、743、3845、966、16、
　796、701、3607、666
▷ 生地…CHECK&STRIPE
　リネンプリマベーラ（オフホワイト）

実物大刺繍図案

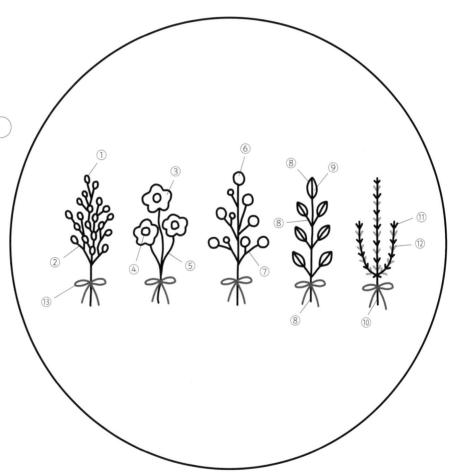

① サテンS　〈967〉
② バックS　〈612〉
③ サテンS　〈3845〉
④ 2回巻きのフレンチノットS　〈743〉
⑤ チェーンS　〈966〉
⑥ サテンS　〈740〉
⑦ アウトラインS　〈3345〉
⑧ バックS　〈701〉
⑨ ストレートS　〈3607〉
⑩ バックS　〈16〉
⑪ ストレートS　〈16〉
⑫ ストレートS　〈796〉…　━
⑬ 蝶々結び❶　〈666〉…　━

＊⑬の蝶々結びの作り方
長さ10cmの糸を針に通して表から布を1
回すくう。針を糸から抜いて布の表で蝶々
結びを作る。糸端のバランスを見ながら余
分な糸ははさみで切る。結び目にはほつれ
止め液を塗るとよい

枠18cm

・実物大刺繍図案は原寸使用
・実物大刺繍図案の円は刺繍枠の大きさです。図案の写しとりの際に円を写しとる必要はありません
・〈 〉内の数字は糸の色番号
・●内の数字は引きそろえる糸の本数。指定外は2本どり
・Sはステッチの略

材料

▷ 25番刺繍糸…DMC
909、701、3345、906、437、ECRU、831、699、966、310、718、3607、3608、947、704、702、301、3845、921、972、905、733、3808、612、680、500、796、746、919、3746、208、677、3850、400、3805、3848、720、817、16、666

▷ 生地…CHECK&STRIPE
リネンプリマベーラ(オフホワイト)

▷ ワイヤー…SS MIYUKI studio
No.24　1本

① サテンS　〈909〉
② サテンS　〈701〉
③ サテンS　〈3345〉
④ サテンS　〈906〉
⑤ バックS　〈437〉
⑥ バックS　〈ECRU〉
⑦ バックS　〈831〉
⑧ ボタンホールS❸　〈699〉
⑨ ストレートS❸　〈699〉
⑩ サテンS　〈966〉
⑪ バックS　〈310〉
⑫ サテンS　〈718〉
⑬ サテンS　〈3607〉
⑭ サテンS　〈3608〉
⑮ サテンS　〈947〉
⑯ サテンS　〈704〉
⑰ サテンS　〈702〉
⑱ アウトラインS❸　〈301〉
⑲ バックS　〈701〉
⑳ バックS　〈3845〉
㉑ サテンS　〈921〉
㉒ サテンS　〈972〉
㉓ アウトラインS　〈905〉
㉔ 巻きかがりS❶　〈733〉

㉕ バックS　〈3808〉
㉖ サテンS　〈612〉
㉗ 2回巻きのフレンチノットS❹　〈680〉
㉘ 巻きかがりS❶　〈500〉
㉙ アウトラインS　〈500〉
㉚ アウトラインS　〈3345〉
㉛ サテンS　〈796〉
㉜ 2回巻きのフレンチノットS　〈746〉
㉝ サテンS　〈919〉
㉞ 2回巻きのフレンチノットS❹　〈718〉
㉟ バックS　〈3746〉
㊱ バックS❸　〈208〉
㊲ 2回巻きのフレンチノットS　〈677〉
㊳ サテンS　〈3850〉
㊴ アウトラインS　〈400〉
㊵ サテンS　〈3805〉
㊶ ストレートS❸　〈3848〉
㊷ スレディッドバックS
　〈720〉…バックS❸
　〈701〉…巻きつけ用
㊸ バックS❸　〈720〉
㊹ 2回巻きのフレンチノットS　〈437〉
㊺ サテンS　〈817〉
㊻ バックS　〈16〉
㊼ ストレートS　〈666〉

＊⑩のステッチ
⑧のボタンホールS、⑨のストレートSの間にサテンSを刺す。サテンSで埋もれてしまったボタンホールSとストレートSの目は針頭(穴側)を使って引き出す。その際にサテンSは引っ張らないように気をつける

＊㉔と㉘のステッチ
ワイヤーを約2cm×2本、約3.8cm×1本、約9cm×1本にニッパーでカットする(ワイヤーのカットのしかた P.45)。㉔は約2cmと約3.8cm、㉘は約9cmのワイヤーを図案の上に置いて巻きかがりSで縫いとめる(ワイヤーの縫いとめ方1 P.45)

枠12cm

材料

▷ 25番刺繍糸…DMC
　680、3805
▷ タペストリーウール…DMC
　7336、7344
▷ 生地…CHECK&STRIPE
　リネンプリマベーラ(オフホワイト)

実物大刺繍図案

① サテンS❸　〈680〉
② ストレートS❹　〈3805〉
③ ストレートSを2回　〈タペストリー7336〉
④ ストレートSを2回　〈タペストリー7344〉

枠12cm

・実物大刺繍図案は原寸使用
・実物大刺繍図案の円は刺繍枠の大きさです。図案の写しとりの際に円を写しとる必要はありません
・〈　〉内の数字は糸の色番号
・●内の数字は引きそろえる糸の本数。指定外は2本どり
・Sはステッチの略

材料

▷ 25番刺繍糸…DMC
　746、ECRU、819、3771、921、321、796、612
▷ 5番コットンパール…DMC
　666
▷ 生地…CHECK&STRIPE
　リネンプリマベーラ(オフホワイト)

実物大刺繍図案

①ボタンホールS 〈746〉
②サテンS 〈819〉
③サテンS 〈ECRU〉… ●
④サテンS 〈3771〉
⑤アウトラインS 〈921〉
⑥ストレートS 〈321〉
⑦2回巻きのフレンチノットS 〈796〉
⑧バックS 〈612〉
⑨ボタンホールS❶ 〈コットンパール666〉

＊⑨のステッチ
①のボタンホールSの縁に⑨のボタンホールSをする
(ボタンホール・ステッチ＋ボタンホール・ステッチ P.41)

枠18cm

・実物大刺繍図案は原寸使用
・〈 　〉内の数字は糸の色番号
・●内の数字は引きそろえる糸の本数。指定外は2本どり
・Sはステッチの略

材 料

▷ 25番刺繍糸…DMC
　666、718、796、3850、ECRU
▷ 生地
　ナイロンシャー（ホワイト）

①ボタンホールS 〈666〉
②2回巻きのフレンチノットS❻ 〈718〉
③2回巻きのフレンチノットS❻ 〈796〉
④サテンS 〈796〉… ●
⑤サテンS 〈3850〉… ●
⑥サテンS 〈ECRU〉… ●

実物大刺繍図案

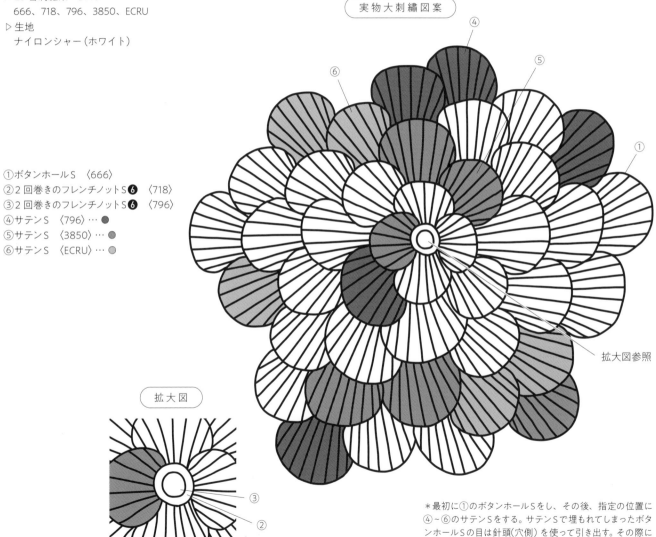

拡大図参照

拡 大 図

＊最初に①のボタンホールSをし、その後、指定の位置に
④～⑥のサテンSをする。サテンSで埋もれてしまったボタ
ンホールSの目は針頭(穴側)を使って引き出す。その際に
サテンSは引っ張らないように気をつける

枠18cm

・実物大刺繍図案は原寸使用
・〈　〉内の数字は糸の色番号
・●内の数字は引きそろえる糸の本数。指定外は2本どり
・Sはステッチの略

材料

▷ 25番刺繍糸…DMC
3845、701、718、907、819、353、208、3607、
21、3836、3608、760
▷ 生地
ナイロンシャー（ホワイト）

① ボタンホールS　〈3845〉
② 2回巻きのフレンチノットS❻　〈701〉
③ 2回巻きのフレンチノットS❻　〈718〉
④ サテンS　〈701〉… ●
⑤ サテンS　〈907〉
⑥ サテンS　〈819〉
⑦ サテンS　〈353〉… ●
⑧ サテンS　〈208〉
⑨ サテンS　〈3607〉
⑩ サテンS　〈21〉… ●
⑪ サテンS　〈3836〉
⑫ サテンS　〈3608〉
⑬ サテンS　〈760〉

実物大刺繍図案

拡大図参照

拡大図

＊最初に①のボタンホールSをし、その後、指定の位置に
④～⑬のサテンSをする。サテンSで埋もれてしまったボタ
ンホールSの目は針頭(穴側)を使って引き出す。その際に
サテンSは引っ張らないように気をつける

1人でも大丈夫

枠15cm

- ・実物大刺繍図案は原寸使用
- ・実物大刺繍図案の円は刺繍枠の大きさです。図案の写しとりの際に円を写しとる必要はありません
- ・〈　〉内の数字は糸の色番号
- ・引きそろえる糸の本数は2本どり
- ・Sはステッチの略

材 料

▷ 25番刺繍糸…DMC
704、746、777、718、972、3608、605、ECRU、
728、921、772、995、796、3846、740、612、
718、3770、224、606
▷ 生地
ナイロンシャー（ホワイト）

①サテンS　〈704〉
②サテンS　〈746〉
③10回巻きのブリオンノットS　〈777〉
④バックS　〈777〉
⑤サテンS　〈718〉
⑥2回巻きのフレンチノットS　〈972〉
⑦バックS　〈3608〉
⑧バックS　〈605〉
⑨サテンS　〈ECRU〉
⑩2回巻きのフレンチノットS　〈728〉
⑪ロング＆ショートS　〈ECRU〉
⑫ロング＆ショートS　〈772〉… ●
⑬サテンS　〈921〉
⑭サテンS　〈995〉
⑮ボタンホールS　〈796〉
⑯サテンS　〈3846〉
⑰ボタンホールS　〈740〉
⑱サテンS　〈612〉
⑲ストレートS　〈718〉
⑳2回巻きのフレンチノットS　〈3770〉
㉑サテンS　〈224〉
㉒バックS　〈224〉
㉓ストレートS　〈606〉

拡大図

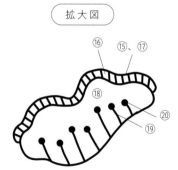

＊⑯のステッチ
⑮のボタンホールSの間にサテンSを刺す。サテンSで埋もれてしまったボタンホールSの目は、針頭（穴側）を使って引き出す。その際にサテンSは引っ張らないように気をつける
＊⑰のステッチ
⑮のボタンホールSの縁にボタンホールSをする（ボタンホール・ステッチ＋ボタンホール・ステッチ P.41）

実物大刺繍図案

拡大図参照

枠18cm

・実物大刺繍図案は原寸使用
・〈　〉内の数字は糸の色番号
・引きそろえる糸の本数は2本どり
・Sはステッチの略

材料

▷ 25番刺繍糸…DMC
310、743、777、349、701、907、906、699、
3345
▷ 生地…CHECK&STRIPE
リネンプリマベーラ（オフホワイト）

実物大刺繍図案

①アウトラインS　〈310〉
②2回巻きのフレンチノットS　〈743〉
③サテンS　〈777〉… ●
④サテンS　〈349〉
⑤バックS　〈701〉
⑥バックS　〈907〉
⑦バックS　〈906〉… ●
⑧バックS　〈699〉… ●
⑨バックS　〈3345〉… ●

ヒガンバナ

 枠15cm

- ・実物大刺繍図案は原寸使用
- ・実物大刺繍図案の円は刺繍枠の大きさです。図案の写し とりの際に円を写しとる必要はありません
- ・〈 〉内の数字は糸の色番号
- ●内の数字は引きそろえる糸の本数。指定外は2本どり
- ・Sはステッチの略

材料

▷ 25番刺繍糸…DMC
606、3341、677、702、704、817
▷ 生地
ナイロンシャー（ホワイト）
▷ ワイヤー…SS MIYUKI studio
No.26　7本

実物大刺繍図案

①巻きかがりS❶　〈606〉
②バックS❸　〈3341〉
③サテンS　〈677〉
④サテンS　〈702〉
⑤バックS　〈704〉
⑥サテンS　〈606〉… ●
⑦サテンS　〈817〉… ●

＊①のステッチ
ワイヤーを約5cm×7本にニッパーでカッ
トする（ワイヤーのカットのしかた P.45）。
花7つ分、計49本用意する。ワイヤーを
図案の上に置いて巻きかがりSで縫いとめ
る（ワイヤーの縫いとめ方1 P.45）

枠15cm

・実物大刺繍図案は原寸使用
・実物大刺繍図案の円は刺繍枠の大きさです。図案の写しとりの際に円を写しとる必要はありません
・〈 〉内の数字は糸の色番号
・●内の数字は引きそろえる糸の本数。指定外は2本どり
・Sはステッチの略

材 料

▷ 25番刺繍糸…DMC
913、3770、666、796、677、967、3808、3341、
921、680、777、905、208、400、720、3848、11、
437、740、907、162、3761、3850、743、972、13、
3805、959、612、437、831、3345、22、718
▷ 生地
ナイロンシャー（ホワイト）
▷ ワイヤー…SS MIYUKI studio
No.28　1本

① 2回巻きのフレンチノットS　〈3770〉
② サテンS　〈913〉
③ サテンS　〈666〉
④ サテンS　〈796〉
⑤ サテンS　〈677〉
⑥ アウトラインS　〈967〉
⑦ サテンS　〈3808〉
⑧ サテンS　〈3341〉
⑨ 2回巻きのフレンチノットS　〈921〉
⑩ サテンS　〈680〉
⑪ サテンS　〈777〉
⑫ サテンS　〈905〉
⑬ バックS　〈208〉
⑭ サテンS　〈400〉
⑮ サテンS　〈720〉
⑯ サテンS　〈3848〉
⑰ 2回巻きのフレンチノットS❸　〈11〉

⑱ バックS　〈437〉
⑲ バックS　〈740〉
⑳ アウトラインS　〈907〉
㉑ バックS　〈162〉
㉒ バックS　〈3761〉
㉓ サテンS　〈3850〉
㉔ ストレートS＋フライS❸　〈743〉
㉕ バックS　〈972〉
㉖ ストレートSを3回　〈972〉
㉗ ロング＆ショートS　〈13〉
㉘ ロング＆ショートS　〈3805〉
㉙ サテンS　〈959〉
㉚ 2回巻きのフレンチノットS❹　〈612〉
㉛ サテンS　〈437〉
㉜ バックS　〈831〉
㉝ 巻きかがりS❶　〈3345〉
㉞ サテンS　〈22〉
㉟ サテンS　〈718〉

ワイヤーの長さ指示

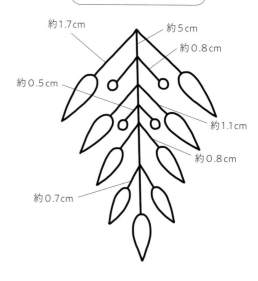

約1.7cm
約5cm
約0.8cm
約0.5cm
約1.1cm
約0.8cm
約0.7cm

＊㉝のステッチ
ワイヤーを約5cm×1本、約1.7cm×2本、約1.1cm×2本、約0.8cm×4本、約0.7cmと0.5cm×各2本にニッパーでカットする（ワイヤーのカットのしかた P.45）。ワイヤーを図案の上に置いて巻きかがりSで縫いとめる（ワイヤーの縫いとめ方1 P.45）

食事

枠12cm

材料

▷ 25番刺繍糸…DMC
718、3746、701、772、310、444、3843、3838、797、3845、3846、3761、B5200、907、437、740、400、943、733、224、728、349、720、677、972、208、606、906、959、746、796、680、666、3706、3607、967、3608、3770、3805

▷ 生地
CHECK&STRIPE　リネンプリマベーラ（オフホワイト）…土台
ナイロンシャー（ホワイト）…蝶

▷ ワイヤー…SS MIYUKI studio
No.26　1本

①ロング&ショートS　〈718〉
②ロング&ショートS　〈3746〉
③バックS　〈701〉
④バックS　〈772〉
⑤バックS❶　〈310〉
⑥2回巻きのフレンチノットS　〈444〉
⑦サテンS　〈3843〉
⑧サテンS　〈3838〉
⑨サテンS　〈797〉…●
⑩サテンS　〈3845〉
⑪サテンS　〈3846〉
⑫サテンS　〈3761〉
⑬ストレートS❶　〈B5200〉
⑭アウトラインS　〈907〉
⑮2回巻きのフレンチノットS　〈3805〉
⑯バックS　〈437〉
⑰ストレートS＋フライS　〈740〉
⑱アウトラインS　〈400〉
⑲ストレートS　〈400〉
⑳サテンS　〈943〉
㉑バックS　〈733〉
㉒2回巻きのフレンチノットS❸　〈224〉

㉓サテンS　〈728〉…●
㉔サテンS　〈349〉…●
㉕サテンS　〈720〉…●
㉖アウトラインS　〈677〉
㉗ストレートS　〈677〉
㉘サテンS　〈972〉
㉙サテンS　〈208〉
㉚サテンS　〈B5200〉
㉛バックS　〈B5200〉
㉜サテンS　〈606〉
㉝サテンS　〈906〉
㉞バックS　〈959〉
㉟サテンS　〈746〉
㊱サテンS　〈796〉
㊲サテンS　〈680〉
㊳ストレートSを2回　〈666〉
㊴アウトラインS　〈3706〉
㊵サテンS　〈967〉
㊶サテンS　〈3607〉
㊷2回巻きのフレンチノットS❻　〈3608〉
㊸巻きかがりS❶　〈3770〉
㊹蝶縫いとめ用　〈3770〉

実物大刺繍図案

＊㊸のステッチ
ワイヤーで立体の蝶を作る。ナイロンシャーに図案を写す。ワイヤーを約12cm×2本にニッパーでカットする（ワイヤーのカットのしかた P.45）。ワイヤーを図案の上に置いて巻きかがりSで縫いとめる（ワイヤーの縫いとめ方3 P.45）。2個作る。ワイヤーの輪郭に沿って余分なナイロンシャーを切り落としたら土台の好みの場所に、㊹の糸で指定の位置（★）を2、3回縫いとめて布の裏で玉止めをする。軽く翅を押し上げて立体にする

実物大刺繍図案

拡大図参照

拡大図

拡大図

拡大図参照

共存

枠12cm

材 料

▷ 25番刺繍糸…DMC
921、677、909、817、437、919、312、972、831、943、680、20、3608、3706、3761、301、444、733、777、612、3345、796、740、400、720、208、959、3807

▷ 5番コットンパール…DMC
666

▷ タペストリーウール…DMC
7344、7037

▷ 生地…CHECK&STRIPE
リネンプリマベーラ（オフホワイト）

①ストレートSを2回❶ 〈タペストリー7344〉
②サテンS 〈921〉
③サテンS 〈677〉
④サテンS 〈909〉
⑤ストレートS❸ 〈817〉
⑥ストレートS❶ 〈タペストリー7037〉… ●
⑦バックステッチドチェーンS
　〈437〉…チェーンS
　〈919〉…バックS
⑧ロング&ショートS 〈312〉
⑨ロング&ショートS 〈972〉… ●
⑩2回巻きのフレンチノットS 〈943〉
⑪2回巻きのフレンチノットS❸ 〈831〉
⑫アウトラインS 〈680〉
⑬サテンS 〈20〉
⑭2回巻きのフレンチノットS 〈3608〉
⑮バックS 〈3706〉

⑯ウィップドバックS
　〈コットンパール666〉…バックS❶
　〈3761〉…巻きつけ用❸
⑰サテンS 〈301〉
⑱2回巻きのフレンチノットS 〈444〉
⑲バックS 〈733〉
⑳サテンS 〈777〉
㉑サテンS 〈612〉… ●
㉒サテンS 〈3345〉
㉓サテンS 〈796〉
㉔2回巻きのフレンチノットS 〈740〉
㉕アウトラインS 〈400〉
㉖バックS 〈720〉
㉗サテンS 〈208〉
㉘サテンS 〈959〉
㉙ストレートS 〈3807〉

拡大図

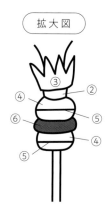

拡大図参照

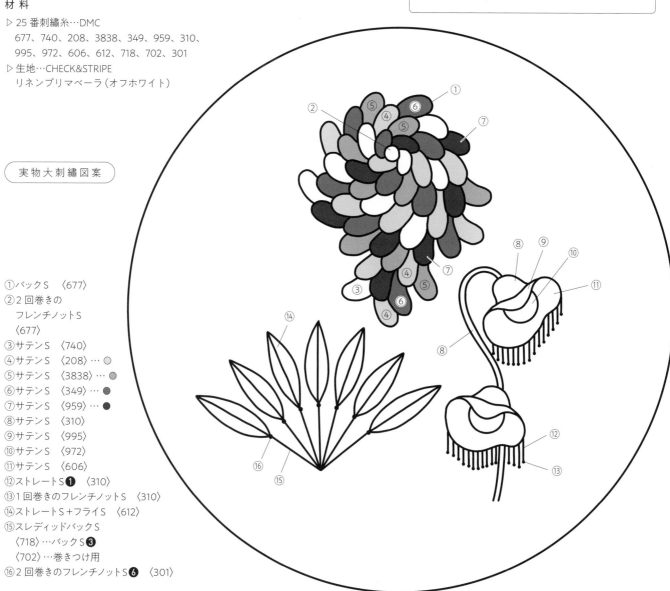

枠15㎝

・実物大刺繍図案は原寸使用
・実物大刺繍図案の円は刺繍枠の大きさです。図案の写し とりの際に円を写しとる必要はありません
・〈　〉内の数字は糸の色番号
・●内の数字は引きそろえる糸の本数。指定外は2本どり
・Sはステッチの略

材 料

▷ 25番刺繍糸…DMC
　677、740、208、3838、349、959、310、
　995、972、606、612、718、702、301
▷ 生地…CHECK&STRIPE
　リネンプリマベーラ（オフホワイト）

実物大刺繍図案

①バックS　〈677〉
②2回巻きの
　フレンチノットS
　〈677〉
③サテンS　〈740〉
④サテンS　〈208〉…●
⑤サテンS　〈3838〉…●
⑥サテンS　〈349〉…●
⑦サテンS　〈959〉…●
⑧サテンS　〈310〉
⑨サテンS　〈995〉
⑩サテンS　〈972〉
⑪サテンS　〈606〉
⑫ストレートS❶　〈310〉
⑬1回巻きのフレンチノットS　〈310〉
⑭ストレートS＋フライS　〈612〉
⑮スレディッドバックS
　〈718〉…バックS❸
　〈702〉…巻きつけ用
⑯2回巻きのフレンチノットS❻　〈301〉

蝶

枠**8**cm

・実物大刺繍図案は原寸使用
・実物大刺繍図案の円は刺繍枠の大きさです。図案の写しとりの際に円を写しとる必要はありません
・〈 〉内の数字は糸の色番号
・●内の数字は引きそろえる糸の本数。指定外は2本どり
・Sはステッチの略

材料

▷ 25番刺繍糸…DMC
　959、718、321、754、01、20、701
▷ 生地
　ナイロンシャー（イエロー）…蝶
　　　　　　　　（ホワイト）…土台
▷ ワイヤー…SS MIYUKI studio
　No.26　1本

実物大刺繍図案

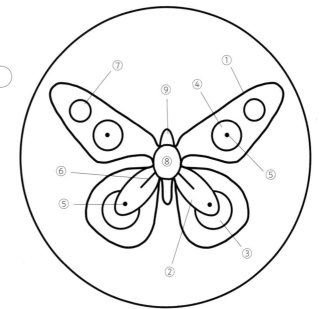

①巻きかがりS❶　〈959〉
②バックS　〈718〉
③サテンS　〈20〉
④サテンS　〈321〉
⑤2回巻きのフレンチノットS❸　〈701〉
⑥ストレートS❹　〈959〉
⑦2回巻きのフレンチノットS　〈01〉
⑧2回巻きのフレンチノットS❸　〈754〉
⑨サテンS　〈959〉

＊①のステッチ
ワイヤーで立体の蝶を作る。ナイロンシャー（イエロー）に図案を写す。ワイヤーを図案の上に置いて巻きかがりSで縫いとめ、②〜⑧で刺繍をする。ワイヤーの輪郭に沿って余分なナイロンシャーを切り落としたら土台のナイロンシャー（ホワイト）の上に置き、⑨のステッチで縫いとめる（ワイヤーの縫いとめ方3 P.45）

See Page
36-37

ラスボス

枠18cm

- ・実物大刺繍図案は原寸使用
- ・実物大刺繍図案の円は刺繍枠の大きさです。図案の写しとりの際に円を写しとる必要はありません
- ・〈 〉内の数字は糸の色番号
- ・●内の数字は引きそろえる糸の本数。指定外は2本どり
- ・Sはステッチの略

材 料

▷25番刺繍糸…DMC
310、666、701、208、718、26、301、ECRU、12、677、906、3345、905、3808、3848、321、921、437、919、746、796、972、3805、20、966、3838、831、721、702、3746、400、797、B5200、606、995、3341、704、224、777、3771、22、356、223、517、720、943、728、3607、907、733、612、169

▷タペストリーウール…DMC
ECRU、7336

▷生地…CHECK&STRIPE
リネンプリマベーラ(オフホワイト)

▷ビーズ…TOHO
ウッドビーズ
(R3-6キジ) 3個
(R10-6キジ) 1個
(R8-6キジ) 6個

①バックS 〈310〉
②サテンS 〈666〉
③サテンS 〈701〉
④バックS 〈208〉
⑤サテンS 〈718〉
⑥サテンS 〈26〉
⑦サテンS 〈301〉
⑧2回巻きのフレンチノットS 〈ECRU〉
⑨サテンS 〈12〉
⑩サテンS 〈677〉
⑪ボタンホールS❶ 〈タペストリーECRU〉
⑫サテンS 〈906〉
⑬サテンS 〈3345〉
⑭サテンS 〈905〉
⑮アウトラインS 〈3808〉
⑯サテンS 〈3848〉
⑰サテンS 〈321〉
⑱ストレートS❶ 〈310〉
⑲ウッドビーズ縫いつけ用 〈ECRU〉

＊⑲のウッドビーズの縫いとめ方
針に糸を通して片端に玉結びを作る。布の指定の位置(・)の裏から針を表に出して糸にウッドビーズ(R3-6)1個を通す。(・)に刺し戻して2、3回縫いとめる。布の裏で玉止めをする。残りの2個も同様にする

⑳バックS 〈921〉
㉑サテンS 〈437〉
㉒アウトラインS 〈919〉
㉓サテンS 〈746〉
㉔ストレートS❶ 〈796〉
㉕ストレートS❶を2回 〈タペストリー7336〉
㉖サテンS 〈972〉
㉗サテンS 〈3805〉
㉘2回巻きのフレンチノットS 〈20〉
㉙サテンS 〈966〉
㉚ストレートS 〈3838〉
㉛バックS 〈831〉
㉜サテンS 〈721〉
㉝バックS❸ 〈702〉
㉞2回巻きのフレンチノットS❻ 〈3746〉
㉟サテンS 〈400〉
㊱ストレートS 〈797〉
㊲2回巻きのフレンチノットS 〈B5200〉
㊳ウッドビーズ巻きつけ用 〈606〉

＊㊳と(56)のウッドビーズの糸巻き方法
作り方P.47参照。㊳(R10-6)、(56)(R8-6)のウッドビーズに指定の糸を巻く。布の指定の位置(・)に2、3回縫いとめる。布の裏で玉止めをする

㊴アウトラインS 〈995〉
㊵バックS 〈3341〉
㊶サテンS 〈704〉
㊷バックS 〈224〉
㊸サテンS 〈777〉
㊹サテンS 〈3771〉… ●
㊺サテンS 〈22〉… ●
㊻サテンS 〈356〉… ●
㊼サテンS 〈223〉… ○
㊽サテンS 〈517〉
㊾サテンS 〈720〉
㊿ボタンホールS 〈943〉
(51)サテンS 〈B5200〉
(52)バックS 〈728〉
(53)2回巻きのフレンチノットS❸ 〈3607〉
(54)サテンS❸ 〈907〉
(55)アウトラインS 〈733〉
(56)ウッドビーズ巻きつけ用 〈612〉
(57)背景にサテンS 〈169〉

＊(51)のステッチ
㊿のボタンホールSの間にサテンSを刺す。サテンSで埋もれてしまったボタンホールSの目は針頭(穴側)を使って引き出す。その際にサテンSは引っ張らないように気をつける

MIRIKI

美力

刺繍アーティスト。
1997年生れ。神戸市出身。
幼少のころより絵を描くこと、物作りに興味を持ち、その時の経験が、自己表現のツールとして現在の刺繍にたどり着いた。大胆で迫力のある図案と色づかいに、インスタグラムを通じて国内、海外からの定評がある。おもしろい発想を刺繍で表現し、作品を手に取った人たちに力を与えられるような作品作りを目指している。独自の技法を用いた立体刺繍も得意とする。
Instagram @8MRK8

材料提供

ディー・エム・シー（DMC）
http://www.dmc.com/

CHECK&STRIPE
http://checkandstripe.com

クロバー
https://clover.co.jp/

トーホー株式会社
http://www.toho-beads.co.jp/

SS MIYUKI studio
https://ss-miyuki.com/

Staff

ブックデザイン　池田香奈子
撮影　スケガワケンイチ
デジタルトレース　渡辺梨里香（Pear Fields）
校閲　向井雅子
編集　向山春香
　　　大沢洋子（文化出版局）

極彩色花刺繍図案

2021年4月25日　第1刷発行

著　者　美力
発行者　濱田勝宏
発行所　学校法人文化学園 文化出版局
　　　　〒151-8524　東京都渋谷区代々木 3-22-1
　　　　電話　03-3299-2489（編集）
　　　　　　　03-3299-2540（営業）
印刷・製本所　株式会社文化カラー印刷

文化出版局のホームページ http://books.bunka.ac.jp/